UNIVERSITÉ DE FRANCE

CONGRÈS

NATIONAL

des Professeurs - Adjoints et Répétiteurs

DE L'ENSEIGNEMENT SECONDAIRE PUBLIC

(1905)

RAPPORT GÉNÉRAL

PUBLIÉ PAR LES SOINS DE

M. LOUIS RIPAULT

Secrétaire-Général de la Fédération nationale
des Professeurs-Adjoints et Répétiteurs

IMPRIMERIE Em.-M. LELIÈVRE

LAVAL-PARIS

1905

CONGRÈS NATIONAL

DES

Professeurs-Adjoints et Répétiteurs

DE L'ENSEIGNEMENT SECONDAIRE PUBLIC

(1905)

I.

PRÉPARATION DU CONGRÈS

Paris, le 4 avril 1905.

« Chers Collègues,

« Au nom de l'Association de l'Académie de Dijon, de la Fédération de l'Académie de Lille, de la Fédération de l'Académie de Lyon, de la Fédération de l'Académie de Nancy, de l'Association de l'Académie de Paris, de la Fédération des Lycées du Sud-Ouest, de la Fédération de l'Académie de Toulouse, de l'Association d'Alger, des Amicales d'Amiens, d'Annecy, de Caen, de Grenoble, du Mans, de Reims, de Saint-Brieuc, nous avons l'honneur de vous informer que le Congrès National des Répétiteurs et Professeurs-adjoints se tiendra à Paris,

1

le 20 avril, à une heure et demie, dans une des salles du Lycée Louis-le-Grand.

« L'ordre du jour, proposé par les organisateurs, et qui ne sera définitivement arrêté que par le Congrès lui-même, comprend les questions suivantes :

« 1° Discussion et vote des statuts de la Fédération Nationale ;

« 2° Maintien de l'assimilation des Répétiteurs aux Professeurs de Collège ;

« 3° Extension rapide et application complète de la réforme Bourgeois-Ribot ; nécessité d'un décret réglementant le service des Professeurs-adjoints ;

« 4° Représentation dans les Conseils Académiques et au Conseil Supérieur ;

« 5° Suppression des notes secrètes :

« 6° Maximum de stage dans chaque classe ;

7° Recrutement des Professeurs de Collège exclusivement parmi les Professeurs-adjoints.

« Nous comptons que vous accepterez de prendre part à ce Congrès dont il nous paraît inutile, à l'heure présente, de signaler l'utilité, et nous vous prions de vouloir bien nous faire connaître, avant le 15 courant, les délégués choisis par votre groupement, ainsi que le nombre de Répétiteurs ou Professeurs-adjoints qu'ils représenteront.

« Veuillez agréer, chers Collègues, l'assurance de notre cordiale confraternité.

Pour les organisateurs,

F. GUIGNARD.
Président de l'Association Parisienne,
Répétiteur au Lycée Charlemagne. »

Associations, Fédérations régionales, Amicales représentées au Congrès des 20 et 21 avril.

FÉDÉRATIONS OU ASSOCIATIONS

Aix-Marseille, par MM. Reybaud et Perrette (108); — Dijon, par M. Modot (42); Lille, par M. Vignol (73); — Lyon-Saint-Etienne, par M. Schuchmacher (68); — Montpellier, par M. Ricaud (55); Nantes, par M. Poësson (59); — Nancy, par M. François (36); — Sud-Ouest, par M. Massoc (98); Toulouse, par M. Buzet (93); — Grenoble-Chambéry, par M. Deffeuillez (85); Caen, par M. Bellenger (75).

AMICALES.

Carnot, par M. Tournier (9); — Moulins, par M. Guignard (7); — Montluçon, par M. Piatier (12); — Hoche, par M. Piatier (20); — Henri IV, par M. Regnault (24); — Besançon, par M. Raby (16); — Angers, par M. Raby (7); — Tunis, par M. Raby (10); — Janson-de-Sailly, par M. Guénard (26); — Louis-le-Grand, par M. Nouyrit (21); — Montaigne (2); — Charlemagne, par M. Dhers (15); — Saint-Louis, par M. Jalby (25); — Condorcet. par M. Piquois (19); — Michelet, par M. Champion (18); — Voltaire, par M. Desserin (8); — Rollin, par M. Patte (21); — Jacques-Amyot, par M. Perrotin (1); — Meaux, par M. Rochet (1); — Alger, par M. Dhers (36); — Amiens, par M. Dumoulin (10); — Guéret, par M. Dumain (7); — Laval, par M. Billy (12); — Lons-le-Saulnier, par M. Guignard (6); — Saint-Brieuc, par M. Jamet (7); — Poitiers-Châteauroux, par M. Baron (27); Reims, par M. Engelhard (12); — Tours-La Rochelle, par M. Crocicchia (14); — La Roche-sur-Yon, par M. Patte (7); — Rochefort (12), délégation arrivée trop tard à M. Guignard.

Plus un certain nombre de membres isolés.

II.

SÉANCE DU 20 AVRIL 1905

A 1 heure 1/2, GUIGNARD, Président de la Fédération parisienne ouvre la première séance du Congrès. Il souhaite la bienvenue aux camarades de province qui ont répondu en aussi grand nombre à l'appel des organisateurs. « Avant d'ouvrir les travaux du congrès, il est de mon devoir, au nom des répétiteurs parisiens de souhaiter la bienvenue à nos camarades des départements, de leur dire avec quelle joie profonde et sincère nous les avons vus répondre en aussi grand nombre à notre appel. J'espère que cette journée assurera l'union définitive et montrera à tous d'une façon éclatante que nous avons pleine conscience de nos droits et que nous sommes décidés à les maintenir envers et contre tous. »

Enfin, il invite le Congrès à désigner un président et un secrétaire. Par acclamation, Guignard est nommé président et Ripault secrétaire. Sur la demande de ce dernier on lui adjoint Nouyrit.

Des remerciements sont adressés par le Congrès à M. le Proviseur du lycée Louis-le-Grand, pour l'hospitalité qu'il a ménagée aux répétiteurs.

Fixation de l'ordre du jour

GUIGNARD donne lecture de l'ordre du jour dressé par les organisateurs du Congrès. On y joint, sur la demande de RIPAULT, BELLENGER, RABY, RICAUD, VIGNOL, la question de la presse corporative.

CROCICCHIA insiste pour que l'on ne s'occupe que des statuts, de l'assimilation et du professorat-adjoint.

VIGNOL, RICAUD, ENGELHARD, remarquent que les questions ont été approfondies par les Fédérations régionales et qu'ils se sont déplacés exprès pour donner connaissance à leurs camarades du résultat de leurs travaux.

BARON et PIATIER voudraient que l'on décide d'abord de l'attitude de la Fédération au Congrès mixte du lendemain.

REYBAUD donne satisfaction aux uns et aux autres en les priant de lire attentivement l'ordre du jour de GUIGNARD, qui, dans sa première partie, comprend les questions que certains délégués voudraient voir seules discuter et dans sa deuxième une série de projets qui occupera l'activité du Congrès, s'il lui reste du temps. Enfin, il demande la clôture de la discussion. La clôture est prononcée et l'ordre du jour adopté.

L'Assemblée commence alors la discussion du projet de statuts déposé sur le bureau du Congrès par Raby, au nom de l'amicale Janson-de-Sailly.

Discussion des Statuts de la Fédération nationale

Le Président donne lecture de l'article 1.

DHERS, au nom de l'amicale d'Alger, propose de remplacer le premier membre de phrase : « il est fondé entre toutes les associations ou Fédérations régionales », par celui-ci : « il est fondé entre tous les groupements de répétiteurs... »

Crocicchia combat cette proposition.

Raby donne l'idée générale de son projet et explique à ce propos que la fédération régionale doit être l'élément primaire de la fédération nationale.

Patte rappelle que les groupements algériens ne ressemblent pas aux groupements métropolitains ; qu'entre eux, à cause de la grande distance qui les sépare, ils ne peuvent avoir les rapports suivis qui existent entre les divers établissements d'une académie. Aussi prie-t-il le Congrès d'accepter la modification proposée par Alger.

Fontaine, ainsi que Bellenger, questionnent sur le mot « régional ». La région correspond-elle à l'Académie ou est-elle plus étendue ?

Massoc votera le maintien du mot régional car la Fédération du Sud-Ouest comprend l'Académie de Bordeaux plus le lycée d'Angoulême.

Pour Raby, la région est l'Académie.

Fontaine demande quelles sont les limites de la région ?

Deffeuillez a fédéré deux Académies, Grenoble et Chambéry. La nécessité l'exigeait. Que les statuts répondent à cette nécessité.

Poirrier et Engelhard envisagent la situation des groupements isolés.

Champion veut qu'on les laisse libres.

Ory supprimerait le mot régional.

Raby s'y oppose.

Bayce, considérant que le Congrès ne peut pas donner d'ordres à Alger, propose un amendement ainsi conçu :

« ou groupées autant que possible en fédérations académiques ».

Vignol dépose un autre texte : « ou associations locales pour l'Algérie, les colonies et les pays de protectorat ».

Fontaine et Piquois soutiennent un amendement visant les « groupements quelconques de répétiteurs ».

Raby combat cet amendement qui exposerait les fédérations régionales au danger des dissidences.

Huc rappelle à Raby qu'il a été longtemps un dissident.

La priorité est accordée à l'amendement Vignol. L'amendement est ensuite voté.

Bayce retire sa proposition.

Sur l'amendement Fontaine-Piquois, le vote par mandat est réclamé. Il donne les résultats suivants : Pour l'adoption 360 voix, — contre 781. L'amendement est repoussé.

L'amendement Engelhard-Bellenger, qui introduit ces mots dans le texte : « au moins académique » est adopté à mains levées.

L'ensemble de l'article est finalement voté à l'unanimité moins 4 voix.

Le Président donne lecture de l'article 2.

Champion propose au Congrès de mettre la Fédération sous le régime des articles 5 et 6. Il lit le texte de la loi et cite l'exemple de la Fédération parisienne et de la Fédération des membres de l'enseignement secondaire.

Vignol s'y oppose et croit qu'il peut y avoir danger à le faire.

Regnault, sur l'invitation du Président, explique le texte de la loi et en montre tous les avantages.

Guénard voudrait qu'on se place sous le bénéfice des

articles 2, 5 et 6 et Regnault lui explique que c'est impossible.

Deffeuillez votera pour l'article 2 de la loi parce que le but de la Fédération n'est pas de thésauriser.

On vote par mandats :

L'amendement Champion est repoussé par 717 voix contre 408.

Ricaud propose alors d'introduire après l'article 2 un nouvel article : « La Fédération se compose de 3 sections autonomes : la section des professeurs-adjoints et répétiteurs de lycée, — la section des répétiteurs de collège, — la section des répétitrices ».

Perrotin, à ce propos, donne lecture d'une circulaire de la Fédération des répétiteurs de collège de l'Académie de Paris. Il croit pouvoir affirmer que cette Fédération particulière entrera dans la Fédération nationale.

Bellenger raconte les démarches infructueuses qu'il a entreprises dans son académie pour que les répétiteurs de collège adhèrent à la fédération normande.

Perrette ne désire pas que les collèges s'unissent aux lycées.

Perrotin intervient de nouveau pour apprendre au Congrès que la réforme Ribot sera appliquée dans les collèges ; que M. Bienvenu-Martin dans une audience récente accordée au bureau de la Fédération des collèges leur en a donné l'assurance et qu'il est bon par conséquent que lycées et collèges ayant le même programme s'entendent et agissent ensemble.

Vignol et Ripault appuient la proposition Ricaud.

Bellenger et Huc ne voient pas pourquoi on ouvrirait aux collèges une porte particulière. Qu'ils passent par l'entrée commune, elle est assez large.

Deffeuillez qui, à l'instant, reçoit une dépêche lui donnant mandat pour les collèges de sa Fédération prie le Congrès d'accepter l'article supplémentaire de Ricaud.

On demande la clôture. Elle est prononcée.

L'article de Ricaud est adopté à l'unanimité moins une voix. Il prend le numéro 3.

L'article 3 devenu 4 est voté sans modifications. A l'article 5 (ancien article 4), Ripault propose de compléter le texte du projet par la disposition suivante :

« Dans les questions d'intérêt général, les Fédérations « et Associations régionales avertissent le Conseil fédé- « ral de leurs démarches ou de leurs manifestations.

« Elles sont responsables devant le Congrès. »

Raby déclare se rallier à cet amendement.

Regnault demande ce qu'est la responsabilité des amicales. Ripault explique qu'il ne peut être question que d'une responsabilité morale et non d'une exclusion ou d'une mise en prison.

L'amendement est adopté.

L'article VI est voté sans discussion.

Le Président donne lecture de l'article VII et donne la parole à Ripault qui propose quelques modifications dans la rédaction. On adopte ces modifications. Il demande aussi de réserver le texte visant la presse corporative et il en est ainsi décidé.

Enfin, Ricaud propose d'ajouter aux mots « Congrès national », ces mots « qui est souverain ».

Bellenger l'appuie.

L'amendement de Ricaud est adopté à l'unanimité.

Sur l'article VIII, plusieurs textes ou amendements sont déposés.

Raby retire son texte.

L'amendement déposé au nom de l'amicale d'Alger, par Dhers, visant « les groupements définis à l'article 1ᵉʳ » est adopté.

Le nouveau texte proposé par Buzet est adopté.

L'article de Buzet est ainsi libellé : « à chaque congrès, « toutes les amicales sont convoquées. Chacune d'elles « est représentée par un ou plusieurs délégués pris « parmi ses membres ou parmi les délégués d'une autre « Amicale de sa fédération régionale. Chaque délégué « disposera d'un nombre de suffrages égal au nombre « de membres qu'il représente. Pour garantir le droit « des minorités, chaque délégué partagera ses voix selon « l'indication jointe aux pouvoirs qu'il doit produire ».

Vignol propose d'ajouter après la seconde phrase, ces mots : « sauf le cas où cette fédération n'aura pu envoyer « de délégués ».

Fontaine de compléter la proposition de Vignol par celle-ci : « Les adhérents isolés disposent chacun d'une « voix ».

Les deux amendements sont adoptés ainsi que l'ensemble.

Au sujet des cotisations prévues par l'article 9, Raby et Vignol sont partisans d'une cotisation de 1 franc pour cette année ; — Crocicchia voudrait que la cotisation soit définitive ; — Patte explique que ce sera à chaque Amicale d'opérer les versements de ses adhérents ; — Reybaud et Deffeuillez s'élèvent contre la cotisation de 1 franc, tandis que Ricaud soutient que le chiffre n'est pas exagéré. Enfin, Champion met tout le monde d'accord en précisant que l'année budgétaire commence aujourd'hui pour se terminer au Congrès de l'année prochaine et qu'il ne s'agit pas de faire appel au budget des Amicales maintenant et dans cinq mois.

Le texte de l'article IX est adopté à l'unanimité.

L'article X est voté dans son texte sans modification. Mais CHAMPION demande que dès maintenant on fixe la date et le lieu du Congrès. Il propose avec d'autres congressistes de fixer le prochain congrès dans la semaine qui précédera Pâques.

RIPAULT montre l'inconvénient qu'il y a à déterminer d'une façon aussi précise la date du Congrès. Que l'Assemblée indique les vacances de Pâques en laissant le soin à son conseil de fixer la date. Le Conseil s'inspirera des circonstances. Champion se rallie à la proposition de Ripault

CROCICCHIA et BARON demandent alors que le Congrès siège à Poitiers, qui représente la plus vieille association.

BELLENGER et SCHUCHMACHER désirent que Paris soit le siège du Congrès, ce que combat FONTAINE, alors que REYBAUD « qui n'ose pas proposer Marseille », désigne Dijon ou Lyon, ou Paris.

CROCICCHIA propose alors de dire que le Congrès se tiendra dans la ville adoptée par le Congrès des professeurs.

RIPAULT prie le Congrès de laisser le choix de la ville au Conseil interfédéral qui s'inspirera comme pour la date des circonstances. Il dépose l'ordre du jour suivant :

« Le Congrès délègue au Conseil, le soin de fixer la « date et le lieu du Congrès. » L'ordre du jour est adopté à mains levées

Le Président lit l'article XI

Au nom d'Alger, DHERS dépose un amendement.

BUZET propose ce nouveau texte : « La Fédération est administrée par un conseil de la Fédération nationale qui comprend : 1° Un bureau de la Fédération nationale élu par le Congrès, composé de 1 Président, 4 Vice-Présidents, 1 Secrétaire-général, 3 Secrétaires-adjoints, 1 Trésorier ; 2° Un Conseil interfédéral composé des bureaux de toutes les fédérations régionales ».

RICAUD défend le texte de Raby, seulement il croit qu'il serait nécessaire d'élire un délégué par 75 membres au lieu de 100.

VIGNOL se rallie au texte de Buzet.

BÉJAMBES propose que l'on inscrive dans le texte que le délégué est élu par la Fédération régionale.

RABY déclare abandonner son texte pour se rallier à celui de Buzet.

La discussion devient assez confuse.

VIGNOL dépose un amendement pour compléter le texte de Buzet : « Au sein du Conseil interfédéral, cha-« que bureau dispose d'un nombre de suffrages égal au « nombre de ses mandants ».

FONTAINE, y joint celui-ci : Dans le bureau, les décisions sont prises à la majorité des voix.

RICAUD explique de nouveau pourquoi il propose un délégué par 75 membres. C'est pour que le Conseil compte une trentaine de membres et pas beaucoup plus.

Enfin, le texte de Buzet est mis aux voix.

La première partie du texte, l'amendement Vignol, la seconde partie du texte, l'amendement Fontaine, l'ensemble sont successivement adoptés et l'on arrive à l'article XII.

RICAUD propose d'harmoniser cet article avec les précédents et de remplacer « Conseil » par « Bureau », BÉJAMBES de supprimer : « initiatives conformes aux « décisions du Congrès qui l'a élu » parce que cela présenterait le danger d'un conflit entre un congrès extraordinaire et un bureau qui agirait selon le mandat reçu d'un congrès qui l'a élu et contrairement à un mandat donné par un congrès extraordinaire. Il propose de dire simplement : « prend toutes initiatives conformes aux « décisions du dernier congrès.

BELLENGER veut qu'il soit bien entendu que les membres du bureau n'ont qu'une voix dans le sein du Conseil à moins qu'ils ne soient mandatés.

La première partie du texte ainsi modifié est adoptée.

RIPAULT avec RABY et VIGNOL, SCHUCHMACHER et BUZET, propose de remplacer la seconde par la disposition suivante : « dans toute question d'ordre général « qui nécessite une intervention au Parlement, le Con- « seil soumet au referendum des fédérations ou associa- « tions régionales, les conclusions motivées auxquelles il « s'est arrêté. Dans toute autre question, il agit de même « si la majorité du Conseil le demande. Les Fédérations « et Associations répondent dans le délai indiqué par le « referendum.

« Le Conseil convoque les Congrès ordinaires et « extraordinaires et en prépare l'ordre du jour sans « qu'il puisse être limitatif. L'ordre du jour, les rap- « ports et les documents soumis au Congrès seront « communiqués aux différents groupements un mois « au moins avant l'ouverture du Congrès ».

Sans discussion, ce texte est adopté.

L'article XIII ne subit aucune modification.

A l'article XIV, VIGNOL demande que l'article qui touche à notre entrée dans la Fédération nationale des membres de l'enseignement soit moins impératif. Il propose de remplacer le mot « fera » par « pourra faire ».

A ce propos, il déclare que l'Amicale de Lille a décidé

de se séparer des professeurs et que si, par hasard, la Fédération nationale décidait de participer au Congrès du lendemain, l'Amicale de Lille reprendrait son indépendance jusqu'à ce qu'un Congrès ultérieur ait examiné la façon digne d'entrer dans la Fédération mixte.

RABY a le regret de constater qu'il y a antagonisme entre les professeurs et les répétiteurs. Aussi est-il d'avis de réserver la participation future à la Fédération des secondaires, car avant tout, il faut éviter la division entre Répétiteurs.

VIGNOL répète qu'il a mandat formel de ne pas aller au Congrès.

RIPAULT déclare que la question est d'une assez grosse importance pour qu'on ne la traite pas à propos d'un article de statuts. Qu'on adopte la modification proposée par Vignol, qu'on achève de voter les statuts. Ensuite, un vrai débat pourra être institué.

L'Assemblée adopte l'article modifié.

La première partie de l'article XIV est votée. La seconde, sur la demande de Champion, est supprimée.

L'ensemble des statuts est ensuite adopté à l'unanimité. Deux salves d'applaudissements accueillent ce résultat.

Quelques congressistes proposent de nommer le bureau. La proposition n'est pas accueillie et le Congrès décide de procéder à l'élection le lendemain.

La participation au Congrès des Secondaires.

RICAUD rappelle d'abord que quelques professeurs ont témoigné une certaine bonne volonté à l'égard des répétiteurs et qu'à priori, il ne convient peut-être pas de s'écarter d'eux, d'autant plus que la Fédération des secondaires s'organise en section. Il expose ensuite un plan général d'organisation universitaire. D'abord, séparation absolue et immédiate de l'internat et de l'externat dans tous les établissements, comme dans les lycées et collèges de jeunes filles ; puis, suppression progressive de tous les internats de l'État, ce qui éviterait dans l'avenir toute confusion entre les services de l'internat et de l'externat. Les professeurs se rallieraient aux répétiteurs en vue de réaliser cette idée, surtout si on décidait que les professeurs pourraient être agréés par les parents pour prendre des pensionnaires. L'intérêt général exige que l'on place les élèves suivant leurs ressources dans de petites pensions de moins de 20 élèves, comme à Marseille.

Ricaud abordant la question universitaire en elle-même partagerait les élèves en deux catégories ; les élèves libres et les élèves surveillés, dans des études homogènes, par un répétiteur devenu un véritable professeur-adjoint ; de même, il y aurait deux catégories de fonctionnaires : les professeurs et les professeurs-adjoints, les premiers chargés uniquement d'un service d'enseignement, les seconds d'un service de classe et d'étude ; les catégories de fonctionnaires seraient divisées en trois ordres : agrégés, licenciés, bacheliers. Dans les lycées, les professeurs seraient agrégés, les professeurs-adjoints licenciés ; dans les collèges, les professeurs seraient licenciés, les professeurs-adjoints, bacheliers. Ceci en thèse générale ; dans la pratique, les agrégés en nombre insuffisant seraient remplacés par les licenciés, chargés de cours, et les professeurs-adjoints par les bacheliers. Aucun effet rétroactif pour les chargés de cours actuels ni pour le plus grand nombre des bacheliers professeurs-adjoints des lycées, à moins de leur donner un poste de professeur de 2e ordre dans un collège.

Enfin, pour en revenir à ce qui est le sujet même de la discussion, RICAUD croit que si l'on pouvait arriver par une motion préjudicielle à faire voter au Congrès des Secondaires « qu'il n'y a pas de fonctions inférieures dans l'Université », la Fédération pourrait prendre part à ce Congrès On n'y discuterait pas le professorat-adjoint qui doit être considéré comme acquis. Si l'on n'y prend pas part, il ne faut pas le décider d'une façon absolue, car aucune bonne volonté ne doit être découragée.

ENGELHARD dépose, au nom de l'Amicale de Reims, un vœu tendant à ce qu'aucun répétiteur ne prenne part au Congrès.

CROCICCHIA propose de nommer un bureau qui s'inspirera des circonstances dans sa décision.

RIPAULT, très mêlé à toute la campagne engagée pour l'union avec les professeurs, s'excuse des longues explications qu'il croit devoir apporter au Congrès.

Il rappelle la fondation des amicales de professeurs, le manifeste de Caen et celui de Tours, la lettre qu'il envoyait avec Guignard, le 20 juin 1904, à cette amicale et qui contient tout le programme d'action dont pas un seul instant il ne s'est départi. Dès cette époque il préconisait l'union avec les professeurs, mais ne proposait pas la fusion. Cette lettre n'arrêta pas la campagne commencée contre les répétiteurs et le professorat-adjoint. Cela n'empêchait pas Raby, qui s'élevait tout à l'heure contre la participation au congrès de demain, de demander non plus l'union avec les professeurs, mais la fusion avec eux et la disparition de l'association parisienne. La brochure de M. Canat, les écrits de M. Mathiez attaqués par la « Justice » et la « Démocratie » ne faisaient pas changer d'idée à Raby. Plus que jamais, il réclamait la fusion et combattait l'ordre du jour déposé et réédité par Louis-le-Grand, demandant la fondation de la Fédération nationale des répétiteurs.

Raby demande à Ripault de lui laisser dire un mot. Il explique qu'en effet il était partisan de la fusion, mais en prenant toutes les précautions nécessaires pour éviter l'éparpillement, c'est-à-dire l'établissement de sections absolument distinctes, la liberté d'une séance préliminaire pour toutes ces sections et leur liaison par un organe commun. Ainsi la corporation n'était pas affaiblie.

A cette époque il avait des illusions sur les tendances des professeurs, mais les résultats du referendum lui ont ouvert les yeux. C'est pour cela qu'il prie l'Assemblée de ne pas aller au congrès des secondaires.

Ripault réplique en montrant ce que fut le congrès de janvier, à l'origine destiné à servir de machine de guerre contre les répétiteurs, détourné de son but primitif surtout par son action personnelle. Il invoque le témoignage de Patte et de Mathis, seuls présents à ce congrès. En fin de compte, M. Canat, qui ne voulait aucune entente avec les répétiteurs, proposait lui-même un ordre du jour qui fondait cette entente, et ceux qui n'en voulaient à aucun prix récoltaient 240 voix. Dans les circonstances où l'on se trouvait, c'était un succès. D'ailleurs, ce referendum invoqué précédemment l'indiquait si bien que les adversaires du professorat-adjoint fondaient vite une fédération autonome et essayaient par tous les moyens d'intéresser la presse à leur campagne. Nous avons eu la manifestation de cette campagne dans l'article de l' « Humanité » de Maurice-Lauzel. Ma réponse à cet article inséré dans l' « Humanité », a été diversement appréciée selon les idées particulières de chacun. Qu'on la lise en pensant à l'union dont j'ai été et dont je reste un partisan convaincu et tout s'éclairera.

D'ailleurs, des manifestations de cette sorte et d'autres comme celles de Piatier et de Vignol ont porté leurs fruits. Nos adversaires après avoir été violents s'efforcent d'êtres habiles. Ce changement de tactique ne doit pas nous troubler à ce point que nous abandonnions de nous-mêmes le terrain de la lutte et que nous prenions la responsabilité d'une scission brutale.

En terminant, RIPAULT demande aux congressistes de ne pas décider cette scission.

BELLENGER, comme les camarades de Lille, a reçu mandat de l'Amicale de Caen (non des autres) de ne pas participer au congrès. M. Mathiez, de Caen, en effet, écrit qu'il n'admettra jamais qu'un bachelier soit nommé professeur-adjoint. C'est une division tentée entre répétiteurs. Pour y couper court, l'Amicale de Caen interdit à ses membres d'assister au congrès.

DEFFEUILLEZ a un mandat analogue. Les professeurs de Grenoble ont exclu de leurs Amicales les répétiteurs.

FRANÇOIS est hostile à la participation.

MASSOC, au nom d'Angoulême, combat les participations. Il lit la circulaire adressée à toutes les Amicales par ce groupe quelques jours auparavant.

BARON, pour des motifs analogues et parce que l'Amicale des professeurs de Poitiers nous a exclus des Amicales, est contraire à la participation. Il rappelle les articles de la « Solidarité » et leur manque de bonne foi.

CROCICCHIA pique la curiosité du congrès par le récit des incidents de Tours, à l'époque où Guignard et Ripault écrivaient leur lettre à l'Amicale des professeurs. Il est partisan de la participation, mais sous condition.

POIRRIER montre la situation particulière dans laquelle se trouve l'Amicale du lycée Montaigne non divisée en deux sections et où il se trouve le délégué des professeurs et des répétiteurs.

SCHUCHMACHER n'a reçu aucune réponse de sa Fédération sur cette question. Saint-Etienne seul a manifesté son hostilité à la participation.

PIQUOIS a adhéré à l'Amicale du lycée Condorcet où spontanément les professeurs ont demandé leur adhésion aux répétiteurs. Aussi croit-il devoir aller au congrès. Cependant il n'insiste pas pour que l'on prenne part au congrès. Il estime pourtant qu'il est utile de savoir ce qui s'y passe.

CHAMPION fait connaître au congrès que l'Amicale Michelet s'oppose à la participation. Peut-être pourrait-on y aller à titre individuel.

PIATIER dit que dans cette question il faut observer la discipline. De la présence de quelques répétiteurs, on pourrait inférer que tous les répétiteurs sont représentés et prendre en leur nom des décisions. C'est un danger qu'on ne doit pas courir.

RICAUD s'oppose à toute décision qui aurait pour but une rupture définitive avec les professeurs. Il ne faut pas préjuger des décisions qui seront prises dans leur Congrès. Dans plusieurs académies, des Fédérations ou associations mixtes ont été fondées ; un certain nombre de professeurs désirent vivement la fusion de tous les membres de l'enseignement secondaire et font cause commune avec les répétiteurs dont ils acceptent les légitimes revendications. Il propose de demander la mise à l'ordre du jour du Congrès mixte la question suivante : « A titre égal, traitement égal, pour tous les fonctionnaires de l'enseignement secondaire chargés d'un service d'enseignement ou chargés plus particulièrement d'un service de direction des études ». Si cette proposition était repoussée, les répétiteurs se retireraient du Congrès : ils doivent considérer leurs fonctions comme différentes peut-être de celles des professeurs, mais équivalentes et non subalternes.

Patte déclare qu'au collège Rollin professeurs et répétiteurs sont d'accord, que le bureau de l'Amicale est composé des représentants des deux catégories et qu'ils se partagent les mandats. Il ne voudrait pas que le Congrès, prenne devant le public l'initiative d'une rupture. Il dépose un ordre du jour.

Bayce se range à l'avis de Piquois. Il assisterait au congrès mais s'abstiendrait dans tous les votes.

Ripault répond aux critiques de la circulaire d'Angoulême. Il ne croit pas que du fait de la présence d'un répétiteur au congrès de demain ce congrès puisse se targuer d'émettre l'opinion des répétiteurs. Les statuts de la Fédération ne le permettent pas. Prenant un exemple pour illustrer sa démonstration, il annonce à l'assemblée que les conclusions du rapport Zivy sur le professorat-adjoint, soumises au congrès des secondaires ne pourraient être adoptées par ce congrès parce que pour l'adoption il faut l'unanimité des fédérations et que bien que ces conclusions aient été votées au congrès des professeurs par 2.000 voix contre 420...

Raby, interrompant Ripault, l'invite à donner lecture

de ces conclusions. Après ce vote, dit-il, nous ne pouvons pas paraître au congrès.

Ripault donne lecture des conclusions du rapport Zivy. Au contraire de Raby, il pense plus que jamais que les professeurs-adjoints se doivent de soutenir les professeurs qui ont la claire vision des intérêts de l'Université. Il demande pour les professeurs ce qu'il demandait, il y a quatre ans, pour les répétiteurs eux-mêmes : du temps pour s'accoutumer à certaines idées nouvelles, Nominativement, il rappelle aux répétiteurs leur résistance au professorat-adjoint.

Il s'ensuit une certaine agitation.

L'histoire d'hier ne doit pas être oubliée-aujourd'hui.

En terminant, Ripault adjure ses camarades de ne pas voter la scission, de ne pas prendre cette responsabilité, de ne pas mettre dans l'embarras ou trop à l'aise ceux qui s'intéressent aux répétiteurs et enfin de ne pas répondre à des professeurs comme Rodrigues, de Bévotte, Bernès, Pradines, Bauër, qui se retournent vers nous au moment où en notre nom ils viennent de combattre pour notre cause : Vous êtes battus, donc nous vous abandonnons.

L'Assemblée applaudit Ripault et la clôture est demandée.

Mais Raby croit qu'il y a danger à ce que des répétiteurs, fut-ce un seul, puissent assister au congrès, parce que cela lui donne figure d'un congrès de secondaires. Le Congrès peut voter des dispositions hostiles aux répétiteurs et nous serions engagés.

Ricaud dépose l'ordre du jour suivant dont il donne lecture : « Le Congrès ajourne la question de l'entrée « de la Fédération nationale dans la Fédération des

« secondaires et laisse toute liberté d'action à chaque
« répétiteur ».

DUMOULIN, envoyé aux frais de son association mixte,
demande quelle devra être son attitude ?

La clôture est demandée de nouveau.

RIPAULT demande à ajouter quelques mots d'explication. L'Assemblée fait droit à sa demande et Ripault
explique que le péril signalé par Raby serait grave s'il
était réel, mais il est imaginaire. Aucune résolution ne
peut être prise que par l'unanimité des Fédérations, chacune n'ayant qu'une voix. Il votera pour l'ordre du jour
Patte, pour lequel il demande la priorité

La clôture est prononcée.

RICAUD se rallie à l'ordre du jour Patte, complété par
celui de Vignol.

La priorité est accordée à l'ordre du jour Patte. On y
adjoint la seconde partie de l'ordre du jour VIGNOL
accepté par PATTE.

L'ordre du jour est ainsi conçu : « Chaque fédération
« régionale, chaque Amicale, chaque répétiteur garde
« sa liberté d'action. Un congrès ultérieur exami-
« nera et décidera, s'il y a lieu, l'entrée de la Fédéra-
« tion des professeurs-adjoints et répétiteurs dans la
« Fédération des secondaires ».

Il est adopté par 1066 voix.

Le résultat du vote est longuement applaudi.

Le président consulte l'Assemblée pour fixer l'heure
de la prochaine séance. Y aura-t-il séance de nuit ? L'Assemblée fixe au lendemain matin 9 h. 1/2, la continua-
tion du congrès.

A 7 h. 1/2, le Président lève la séance.

SÉANCE DU VENDREDI 21 AVRIL 1905

GUIGNARD ouvre la séance à 9 h. 1/2. Il prie l'Assemblée de désigner un président de séance. On lui demande de diriger le débat, mais Guignard insiste pour qu'un délégué de province préside. Par acclamation, CROCICCHIA est choisi comme président.

CROCICCHIA adresse quelques mots de remerciements aux congressistes et les prie de vouloir bien régler l'ordre du jour.

Après une intervention de PATTE, GUIGNARD et FONTAINE, on inscrit en tête de l'ordre du jour l'assimilation, ensuite le professorat-adjoint, l'élection du bureau, la presse.

L'Assimilation

RICAUD remercie beaucoup l'Amicale de Condorcet du beau travail qu'elle a rédigé. Montpellier avait réuni les mêmes documents, mais sous une autre forme. D'autre part, plusieurs fédérations ont rédigé des rapports. Peut être serait il bon, pour que le fruit de ces travaux ne soit pas perdu, de nommer une commission qui s'inspirerait de ces rapports dans ces démarches.

REYBAUD croit que la commission qui s'inspirera de ces rapports sera le bureau.

PIATIER, au nom de l'Amicale Hoche, rend hommage au travail de l'Amicale Condorcet. Mais il fait une réserve. Nos collègues, dit-il, ont posé la question de l'assimilation selon la formule : « à grade égal, traitement égal », c'est-à-dire de la façon la plus générale et en ce sens ils réservent l'avenir... Nous croyons cependant que pour obtenir un succès immédiat, il serait peut-être bon de rétrécir volontairement la question. Nous ne devons pas oublier, en effet, qu'à l'heure actuelle, les Commissions du budget à la Chambre et au Sénat paraissent hostiles à la formule précédente. Au nom de la Commission du budget, M. Simyan a déposé au mois de juillet dernier sur le bureau de la Chambre un rapport spécial concluant à l'assimilation des professeurs de collèges aux chargés de cours de lycée par 20 annuités successives. « La Commission du budget, écrit l'honorable rapporteur, désireuse de voir se réaliser cette réforme, pense qu'il faut se tenir dans les justes limites et se garder d'adopter la formule « égalité de grades, égalité de traitement », aussi inacceptable par la raison qu'onéreuse pour le trésor... En effet, si on l'admettait, il faudrait accorder aux répétiteurs licenciés des lycées le traitement des chargés de cours, aux surveillants généraux aussi à plus forte raison. On a pu naguère, pour améliorer leur situation vraiment trop médiocre, élever le traitement des répétiteurs de lycée jusqu'à l'égaler à celui des professeurs de collège Mais à moins d'abuser des mots on ne saurait prétendre que le législateur a voulu assimiler la fonction de répétiteur à celle de professeur. Le professorat est le but proposé à l'ambition du répétiteur et la récompense de services appréciés » M. Simyan montre ensuite qu'en vertu du même principe il faudrait donner au professeur de collège et au répétiteur le traitement des censeurs non agrégés. Et le rapporteur conclue en disant : « Si l'on voulait absolument trouver une formule pour justifier l'assimilation que nous proposons des professeurs de collège aux chargés de cours sans donner lieu à des réclamations injustifiées il faudrait dire : « à égalité de grades dans les mêmes fonctions ou dans des fonctions équivalentes, égalité de traitements ». Le Parlement, ajoute Piatier, n'a pas même été aussi loin que le proposait la Commission du Budget. Il a décidé que le traitement des professeurs de collège serait égal désormais à celui des chargés de cours moins 300 fr. Que devons nous faire pour que notre traitement reste égal à celui des professeurs de collège ? Abandonner pour l'instant la formule à « égalité de grade, égalité de traitement » qui rencontre une hostilité si vive dans les Chambres et démontrer : 1° que le professorat-adjoint et le répétitorat ne sauraient être considérés comme un stage ; 2° que la fonction du répétiteur ou professeur-adjoint est largement équivalente à celle des professeurs de collège : 3° qu'il est indispensable d'examiner le côté financier de la question. C'est l'objet même du rapport que Piatier a rédigé au nom de l'Amicale Hoche.

Ricaud appuie la proposition qui consiste à adopter définitivement le rapport de l'Amicale Condorcet et à l'adresser à tous les membres du Parlement au nom de la Fédération. Ce rapport expose d'une manière claire et précise les droits des répétiteurs et si, d'une part, il montre bien que l'assimilation est leur propriété légale ; d'autre part, il réserve l'avenir. Les répétiteurs seront tenus, en effet, de poursuivre l'application intégrale de ce principe : à grade égal, traitement égal pour les professeurs et les professeurs-adjoints. Les raisons de cette action seront toujours les mêmes : impossibilité matérielle d'appeler, dans un temps déterminé, tous les professeurs-adjoints ou répétiteurs aux fonctions de professeurs de collège ou de chargés de cours et, par suite, de pouvoir considérer leurs fonctions comme un stage ; nécessité de leur donner même dignité, même autorité que les professeurs si l'on veut inspirer confiance aux familles qni ont le désir de voir leurs enfants fréquenter les études surveillées ; obligation de donner à ces fonctionnaires une certaine stabilité, au même titre que les professeurs pour lesquels on a supprimé, il y a quelques années, les catégories de lycées. RIGAUD propose en outre de voter l'impression du rapport très documenté de notre collègue Piatier, afin qu'il en soit distribué un exemplaire à toutes les Amicales.

BELLENGER voudrait bien que l'on n'abusât point de la formule : à grade égal, traitement égal. Il est facile de la tourner en ridicule. Ne l'a-t-on pas fait déjà ? On a dit, en effet : « à grade égal, traitement égal : vous « donnerez donc au juge suppléant qui est docteur en « droit le même traitement qu'au Président du tribunal « puisque ce dernier n'a pas d'autre grade ». Tenons-nous en à l'ancienne formule et disons simplement : « Maintien ferme de l'assimilation avec les professeurs « de collège ».

DÉFFEUILLEZ fait remarquer que le désir des professeurs-adjoints est conforme aux conclusions de l'enquête parlementaire : Pas de différences de fonctions.

PIQUOIS, répondant à Piatier, croit que celui-ci s'est un peu mépris sur la portée du rapport de l'Amicale Condorcet. Dans la pensée de ses auteurs, ce n'est pas l'avenir qu'il réservait, mais le passé, l'assimilation de 1891. Notre but a été surtout de mettre en lumière notre base légale, les décrets de 1891. Le travail de Piatier, lui, s'occupe d'un point particulier : le point de vue budgétaire, et c'est à cette occasion qu'il réfute les raisons que l'on avance pour motiver la perte de l'assimilation.

Bayce, après Piquois, insiste sur ce fait que l'Amicale Condorcet n'a prétendu traiter qu'une partie de l'assimilation : celle des répétiteurs.

Rappelant la première discussion qui avait eu lieu à la Fédération mixte de Paris et où il avait lutté avec Patte et Ripault pour que, dans le vœu des professeurs de collèges touchant l'assimilation, les répétiteurs fussent compris, il reste persuadé que le terme de « fonctions équivalentes » employé à dessein par l'Amicale Condorcet, nous donne la formule cherchée pour que dans le débat promis par le ministre, l'assimilation et ses conséquences soient maintenues.

Guignard, au nom de Pierrot de Dijon, présente un résumé du rapport rédigé par cette Amicale. Il prie le bureau futur d'en tenir le plus grand compte. Ce rapport se termine par le vœu suivant : « maintien aux répéti- « teurs actuellement en exercice de l'assimilation aux « professeurs de collège ».

Fontaine souhaite que l'on ne s'hypnotise pas plus longtemps sur le projet Merlou, parce qu'il est caduc. Ce que nous devons viser, c'est la stabilité dans nos fonctions. Avec le projet Merlou, c'est le favoritisme. D'ailleurs, au point de vue des précédents, il ne faut pas oublier que les professeurs des classes élémentaires ont été assimilés aux professeurs de collège.

De plus, l'assimilation est absolument conforme aux tendances parlementaires actuelles.

En terminant, Fontaine cite le mot de M. Doliveux

qui disait qu'il était nécessaire que pour rapprocher professeurs et répétiteurs, un pas fut fait des deux côtés.

Béjambes demande au Congrès de ne pas se perdre plus longtemps dans les considérations générales. Il faut laisser ce soin au bureau qui se servira au mieux de nos intérêts des arguments que l'on vient de faire valoir. Pour le moment, qu'on se tienne au principe de l'assimilation reconnue par les décrets de 1891 et qu'au point de vue de la tactique on s'en rapporte au Conseil. Il dépose avec Piquois un ordre du jour en ce sens.

Baron rappelle que le rapport si clair et si précis que les répétiteurs de Condorcet ont adressé aux Amicales, a valu à ses auteurs de nombreuses et justes félicitations de la part de Tours, Poitiers, Louis-le-Grand, Marseille, Aix, Lille, Angoulême, Tourcoing, Caen, etc .. Par conséquent, il semble que ce rapport reflète bien l'opinion de la grande majorité des professeurs-adjoints et répétiteurs. D'autre part, ce rapport est déjà entre les mains des sénateurs Dupuy, Poincaré, qui nous ont assuré de leur précieux appui. MM. Ribot, Bourgeois, Jaurès, Jules Legrand, Couyba, le possèdent également : ce sont là autant de concours sur lesquels il nous est permis de compter. Enfin, M. le Ministre de l'Instruction publique reconnaît qu'il s'est mépris, qu'il n'a pas été suffisamment renseigné sur la question et il promet de l'étudier avec la plus grande attention. Dans ces conditions, Baron demande, au nom de plusieurs de ses collègues, que le Congrès fasse sien le rapport de Condorcet et l'adresse immédiatement à tous les députés, en vue de la discussion prochaine de la Chambre des députés.

Bayce remercie Baron de sa proposition, qui est un grand honneur pour l'Amicale Condorcet, mais les louanges que l'on a décernées à ce travail doivent surtout s'adresser à Piquois.

Piquois proteste et dit que c'est Huc qui a eu toute la peine causée par les recherches et la rédaction.

Les déclarations de Bayce et de Piquois sont fort applaudies.

Ricaud se rallie à la proposition Baron.

Raby demande que le rapport de Piatier soit imprimé par les soins de la Fédération nationale et qu'on l'ajoute au rapport Condorcet.

Patte appuie cette proposition formulée la veille par la Fédération parisienne.

Reybaud est du même avis, mais encore voudrait-il connaître ce rapport dont on parle tant sans qu'il sache ce qu'il contient.

Piatier donne lecture de son rapport.

La clôture est ensuite votée.

Le Président donne lecture d'un ordre du jour de Patte décidant : « l'impression et la communication aux « Amicales des rapports de l'Amicale Condorcet et de « l'Amicale Hoche ». Cet ordre du jour est adopté.

Ensuite, le Président lit l'ordre du jour Béjambes-Piquois : « Le Congrès des professeurs-adjoints et répé-« titeurs constate que le décret du 28 août 1891 n'est « pas abrogé en ce qui concerne l'assimilation des pro-« fesseurs de collège et des répétiteurs de lycée, et donne « pleins pouvoirs au Conseil de la Fédération nationale et « au bureau pour faire toutes démarches ultérieures « auprès du Ministre de l'Instruction publique et de la « Commission du budget ».

A l'unanimité, l'ordre du jour est adopté.

Le Professorat-adjoint.

Le Président donne la parole à Vignol. Celui-ci conte les efforts de l'Amicale de Lille et annonce qu'une conférence a été faite au lycée sur le professorat-adjoint, par le professeur Lefèvre. Cette conférence a été envoyée à un certain nombre d'Amicales et à M. le Directeur de l'enseignement, qui a répondu aux répétiteurs de Lille par la lettre suivante :

« Messieurs les Répétiteurs,

« Je ne saurais trop vous remercier de l'envoi du « compte-rendu de la conférence de M. Lefèvre.

« Le fait d'avoir provoqué sur un sujet qui touche au « plus vif de leurs intérêts l'avis d'un maître autorisé, « est tout à l'honneur de l'Amicale du lycée Faidherbe. « Il prouve qu'en bons serviteurs de l'Université, ils « savent associer à la juste préoccupation de leur avenir « le souci élevé de leur mission et des intérêts généraux « de l'enseignement secondaire.

« L'envoi de cette conférence est d'ailleurs tout à fait « opportun, car la question est à l'étude au ministère de « l'Instruction publique. Tous les proviseurs des lycées « autonomes ont été consultés ; les Recteurs et les Ins- « pecteurs généraux, le seront dans la réunion du comité « consultatif qui va avoir lieu à la rentrée des congés « de Pâques. La conférence de M. Lefèvre, que je vais « lire aujourd'hui même, apportera, je n'en doute pas, à « cette enquête un utile élément de réflexion et d'infor- « mation. Elle contribuera à bien orienter l'administra- « tion dans la préparation du règlement qui sera, j'ima- « gine, soumis par M. le Ministre au Conseil supérieur, « lors de sa prochaine session. J'espère que de la bonne

« volonté commune sortiront des mesures propres à
« concilier tous les intérêts.

« Veuillez agréer, MM. les Répétiteurs, avec mes
« remerciements, l'assurance de mes sentiments les
« plus distingués. — E. RABIER ».

La lecture de cette lettre et les commentaires de Vignol
recueillent les applaudissements du Congrès

LE PRÉSIDENT CHOCICCHIA croit que l'Assemblée tiendra à envoyer ses remerciements à M. Lefèvre.

RABY demande qu'on les adresse aussi aux collègues
de Lille. (Approbation générale).

BAYCE rappelle une intervention analogue qu'il crût
devoir provoquer avec Huc, à l'école des Hautes-Etudes,
lors des conférences sur l'Enseignement et la Démocratie.

DEFFEUILLEZ, après avoir loué l'initiative des collègues de Lille, prie les congressistes de s'efforcer à ce
que partout où il y a une chaire d'éducation sociale,
l'exemple de M. Lefèvre soit imité.

RIPAULT avertit l'Assemblée qu'il va la faire descen-
dre des hauteurs où elle est montée avec les précédents
orateurs. L'Amicale du Mans l'a chargé de faire enten-
dre au Congrès sa défense et sa protestation. Sa défense
est facile puisque l'Amicale du Mans, dans l'accord qu'elle
a signé avec l'Amicale des professeurs du Mans, n'a
engagé qu'elle. Sa protestation ne l'est pas moins, car
même si l'Amicale avait eu tort, même si l'esprit de
conciliation l'avait égarée, elle trouverait encore inad-
missible et déplorable le dernier article qui la concerne
dans la Justice universitaire. RIPAULT lit le passage
incriminé. Il s'ensuit une grande agitation. RIPAULT prie
ses camarades de rester aussi modéré que lui-même.

Certes, il trouve les expressions employées dans l'article excessives, mais il croit que l'auteur, entraîné par la polémique, a employé des termes qui ne correspondaient pas à sa pensée. Quoiqu'il en soit, il estime que jamais entre camarades il ne faut employer de procédés aussi vifs dans la presse et il espère bien que c'est la dernière fois qu'il sera obligé de défendre des collègues contre d'autres collègues En conclusion, il dépose l'ordre du jour suivant :

« Le Congrès adresse aux professeurs-adjoints du « lycée du Mans, le témoignage de sa sympathie ».

A ce moment, un incident assez violent se produit entre quelques congressistes à propos du discours précédent. Il est vite apaisé par le Président, par Guignard et par l'explication qui intervient séance tenante entre Christophle et Piatier.

Bellenger remercie son ami Ripault des paroles qu'il vient de prononcer. Il a été attristé lui aussi en lisant l'article de la *Justice* et il demande qu'on vote l'adresse de sympathie du Congrès aux collègues du Mans. Le Congrès ne sera sans doute pas fâché d'apprendre que l'Amicale du Mans est la première Amicale qui se soit constituée dans l'Académie de Caen et que l'activité de son président et de son secrétaire, qui sont justement les personnes visées dans l'article, a provoqué le mouvement des Amicales dans toute la région.

Raby demande que la conférence de M. Lefèvre soit imprimée et envoyée à toutes les amicales.

Reybaud insiste pour que l'on s'arrête à des solutions pratiques. Il trouve fort bien que l'on répande le plus possible nos idées, mais il trouverait mieux encore que le congrès fixe les points sur lesquels les démarches doivent être entreprises.

Vignol a donné un aperçu de la conférence de Lefèvre pour bien montrer quel est l'idéal que l'on doit s'efforcer d'atteindre.

Reybaud admet parfaitement que l'on imprime et distribue la conférence de M. Lefèvre, mais il prie le congrès de se prononcer nettement sur les solutions qu'il préconise et il dépose avec Patte l'ordre du jour suivant :

« Le Congrès émet le vœu que la réforme Ribot-Bourgeois soit immédiatement appliquée dans tous les lycées ».

Vignol désire que l'on spécifie bien que licenciés, bacheliers, brévetés, bénéficieront de la Réforme.

Bellenger, au contraire, souhaite qu'en formulant des vœux le congrès évite d'établir entre les répétiteurs des catégories. Ne parlons plus ni de licenciés, ni de bacheliers, ni de généraux, ni de divisionnaires, mais seulement de répétiteurs en exercice : le professorat-adjoint pour tout le monde. Au moment de l'attribution des postes il sera tenu compte tout naturellement des aptitudes de chacun. Il propose d'ajouter à l'ordre du jour déposé cette phrase : « avec tout le personnel actuel ».

Reybaud et Patte acceptent cette adjonction.

Massoc insiste pour que l'on indique dans l'ordre du jour l'extension de la réforme Ribot aux établissements de jeunes filles. (Approbation).

Engelhard se félicite qu'on tienne ainsi à préciser ce que nous voulons car il connaît des circulaires ministérielles qui demandent aux proviseurs les noms des répétiteurs qu'ils proposent pour être nommés professeurs-adjoints.

Le vœu de Reybaud, Patte, Bellenger, Massoc, ainsi transformé : « Le Congrès émet le vœu que la Réforme

Ribot-Bourgeois soit immédiatement et intégralement appliquée dans tous les établissements universitaires avec tout le personnel actuel » est adopté à l'unanimité.

A ce moment, de nombreux congressistes déposent des vœux touchant le professorat-adjoint. A qui accorder la priorité ?

Ripault prie le Congrès de donner aux conclusions du rapport de Raby la priorité. Les membres du Congrès à leur sujet seront libres de déposer des amendements.

Guignard appuie Ripault et comme le temps presse il propose de renvoyer au referendum des amicales les points sur lesquels on n'aurait pas le temps d'instituer une discussion.

Poesson demande que l'on inscrive au procès-verbal le dépôt des vœux de Saint-Brieuc.

Ripault lui donne cette assurance, ainsi qu'à tous ceux qui ont déposé des ordres du jour sur le bureau du Président.

Raby donne lecture des conclusions du rapport déposé à la Fédération mixte parisienne.

Le président met aux voix le premier paragraphe des conclusions. Il est ainsi conçu :

« 1° Que la réforme Ribot-Bourgeois Leygues soit
« étendue rapidement à tous les établissements d'ensei-
« gnement secondaire et que tous les répétiteurs des
« lycées et collèges soient titularisés par nominations
« ministérielles, dans les fonctions de professeur-adjoint
« ou nommés, sur leur demande, professeurs de
« collège ».

Adopté.

« 2° Qu'un décret prochain vienne définir et régle-

« menter avec précision le rôle, les fonctions et les heures
« de service des professeurs-adjoints. »

Le vœu est adopté à l'unanimité.

« 3° Que tous les professeurs-adjoints soient associés
« à l'enseignement magistral mais que le nombre d'heures
« attribuées à chacun d'eux ne puisse pas dépasser
« 3 heures sans donner lieu à une rétribution spéciale,
« calculée d'après les tarifs en vigueur. »

Adopté à l'unanimité.

« 4° Que le maximum de leur service hebdomadaire
« soit fixé à 28 heures, comprises dans les intervalles
« de présence régulière des externes surveillés au lycée,
« c'est-à-dire entre 8 heures du matin et 7 heures du
« soir. »

Buzet critique la venue à 8 heures. Dans certains lycées ils viennent à 8 h. moins un quart ou 7 h. 1/2 pour l'étude des leçons qui est de leur ressort et non de celui des surveillants d'internat.

Ricaud cite l'exemple d'un lycée autonome qui corroborre ce qu'avance Buzet.

Bayce insiste pour que l'on spécifie bien que nous avons l'après-midi du jeudi et le dimanche libres. Nous sacrifions nos trois heures de liberté consécutives, mais il nous faut au moins cette compensation.

Ricaud prie le Congrès de nommer une commission qui élucidera la question.

Guignard, par une motion d'ordre, invite le Congrès à se prononcer par oui ou par non sur les conclusions que lit Raby. Celles sur lesquelles les congressistes ne seraient pas d'accord seraient envoyées à l'examen des amicales qui se prononceraient par voie de referendum.

La motion de Guignard est adoptée.

Le vœu précédent est accepté à l'unanimité sauf en ce qui concerne la venue à 8 heures au lycée. Les amicales se prononceront sur ce point.

Raby donne lecture du vœu suivant :

« 5° Que les professeurs-adjoints soient débarrassés
« de toute surveillance en dehors de celle des études
« normales ; qu'en conséquence ils aient droit au repos
« hebdomadaire du dimanche et aux congés des après-
« midi du jeudi. »

Le vœu est adopté, mais le point de savoir par qui le service de la récréation de 4 h. doit être assuré est renvoyé au referendum.

« 6° Que les professeurs-adjoints ne soient jamais
« chargés des mouvements et des récréations d'inter-
« classes qui leur occasionneraient un dérangement
« spécial. »

Adopté à l'unanimité.

« 7° Que les professeurs-adjoints et répétiteurs des
« lycées et collèges soient équitablement représentés
« dans les conseils de l'Université. »

Adopté à l'unanimité.

En outre, Raby, donne lecture de plusieurs vœux que l'amicale Hoche avait déposés à la Fédération parisienne et que celle-ci a adoptés.

« Mais ce sont les vœux que j'ai rédigés à Toulouse !» s'écrie Buzet, qui proteste contre cette manière de discuter.

Raby le rassure en lui affirmant qu'il ne voit aucun inconvénient à ce que ces vœux portent la signature de Toulouse et de Paris.

Voici ces motions :

« Le professeur-adjoint est, comme son titre l'indique,

« associé à l'enseignement magistral. Il relève de l'ins-
« pection générale. Il enseigne dans les deux cycles
« indifféremment selon ses grades et ses capacités. »

Adopté à l'unanimité.

« Les conférences aux élèves faibles étant une forme
« de la leçon particulière sont rétribuées à part, tout
« comme les interrogations et confiées soit au professeur
« titulaire, soit au professeur-adjoint. »

Adopté à l'unanimité.

« Les économies réalisées sur le chapitre des heures
« supplémentaires sont intégralement reportées sur le
« chapitre des promotions ».

Adopté à l'unanimité.

L'adresse de sympathie aux professeurs-adjoints du
Mans est ensuite votée.

Autres vœux.

Déposé par M. Baron, au nom de la Fédération de
Poitiers et de l'Association de Dijon :

« Tant que la réforme du professorat-adjoint ne sera
« pas appliquée dans tous les lycées, les Répétiteurs
« participeront facultativement à la surveillance des
« cours de vacances institués pour les élèves qui ont
« échoué au baccalauréat. »

Adopté à l'unanimité.

Sur les astreints

En quelques mots, Reybaud explique la situation des
derniers astreints. S'inspirant du rapport Massé, il
dépose le vœu suivant : « L'Économat ne retiendra que
« 700 au lieu de 1.000 pour frais de nourriture et de

« logement aux répétiteurs astreints au régime de l'in-
« ternat ».
Adopté.

SUR LES BOURSES DE LICENCE

Poesson déclare que l'Amicale de Saint-Brieuc
demande la suppression des bourses de licence.
La question est renvoyée au referendum.

SUR LES TRAITEMENTS

Perrette dépose le vœu suivant :
« Considérant qu'aucune des fonctions civiles ne
« demande des études aussi pénibles que les fonctions
« universitaires, le congrès émet le vœu d'un relève-
« ment général des traitements. »
Soumis au referendum.

LA PRESSE CORPORATIVE

Engelhard dépose la motion suivante : « Le congrès
« se formera en Commission composée des délégués de
« Paris et de la Province qui n'ont pas mandat d'as-
« sister au congrès des secondaires et se réunira cette
« après-midi, à 2 heures, pour étudier et résoudre la
« question de la presse corporative »,
Cette motion est adoptée.

*
* *

L'ordre du jour appelle l'élection du bureau.
Le Président suspend la séance pendant 15 minutes.
Le scrutin est ouvert.
Piquois est acclamé Président d'honneur.
Voici les résultats du dépouillement après le recense-
ment des votes :

PRÉSIDENT :	F. Guignard	1.16?	voix.	*Elu*
VICE-PRÉSIDENT :	Vignol	368	—	—
	Buzet	725	—	*Elu*
	Engelhard	279	—	—
	Crocicchia	362	—	—
	A. Bellenger	512	—	—
	Ripault	93	—	—
	Reybaud	476	—	—
	Raby	455	—	—
	Poirrier	181	—	—
	Huc	73	—	—
	Mairis	66	—	—
	Fontaine	1	—	—
SECRÉTAIRE-GÉNÉRAL :	L. Ripault	732	voix	*Elu*
	H. Raby	420	—	—
TRÉSORIER :	Patte	659	voix	*Elu*
	Fontaine	467	—	—
	Vignol	25	—	—
SECRÉTAIRES-ADJOINTS :	Huc	634	voix	*Elu*
	Doumerc	676	—	*Elu*
	Modot	286	—	—
	Baron	268	—	—
	Mahoudeau	201	—	—
	Deffeuillez	470	—	—
	Vignol	504	—	—
	Raby	98	—	—
	Champion	34	—	—
	Nouyrit	131	—	—
	Reybaud	10	—	—
	Ripault	1	—	—

La séance est levée à 1 h. de l'après-midi.

Le second tour de scrutin est fixé après le déjeuner.
Il donne les résultats suivants :

SECOND TOUR

VICE-PRÉSIDENTS :	Raby	998	voix	*Elu*
	Vignol	769	—	*Elu*
	Reybaud	758	—	*Elu*
	Bellenger	157	—	—
	Crocicchia	130	—	—
SECRÉTAIRE-ADJOINT :	Deffeuilliez	656	—	*Elu*
	Bellenger	183	—	—
	Piatier	42	—	—

SÉANCE DE L'APRÈS-MIDI

F. Guignard, président de la Fédération, ouvre la séance à 2 h. 1/2.

Engelhard remplit les fonctions de secrétaire, à la place de Ripault, retenu au congrès des secondaires

Nouyrit est chargé du scrutin.

A l'ordre du jour :

La Presse Corporative

ENGELHARD souhaite qu'à côté d'un organe corporatif officiel il y ait un organe indépendant, soutenu par les répétiteurs.

VIGNOL tient à ce qu'on remercie tout d'abord la *Justice* et la *Démocratie*, qui ont rendu à la corporation de grands services.

Nouyait désire que les remerciements s'adressent à tous les journaux qui ont plaidé la cause des répétiteurs : la *Réforme Universitaire*, la *Tribune*, la *Démocratie*, la *Justice*. En outre il dépose l'ordre du jour suivant : « Dans un but de conciliation, il est créé un organe corporatif nouveau portant un titre nouveau avec, en sous-titre : ancienne *Justice universitaire* ».

Reybaud est d'avis de fonder un organe avec un titre nouveau, organe que soutiendront les différents groupements. Toutes les communications des Amicales lui seraient adressées.

Buzet prétend que la *Démocratie* n'a pas été un organe vraiment corporatif ; qu'elle s'est occupée et qu'elle s'occupe encore des garçons, tandis que la *Justice* a combattu exclusivement pour les répétiteurs.

Schuchmacher affirme qu'en Province on ne connaît pour ainsi dire que la *Justice*. Aussi, au point de vue pécuniaire, il vaut mieux garder la *Justice*. Cependant, il applaudirait à la fusion des deux journaux.

Fontaine estime que dans cette question il ne faut léser aucune susceptibilité. Aussi, croit-il qu'un journal avec un titre nouveau ferait disparaître toutes les hésitations. Ce nouveau journal serait bi-mensuel. On lui donnerait le nom de *Progrès Universitaire*. Quant à l'idée d'un journal indépendant, il n'y a pas lieu de l'approfondir, puisque ce journal serait sans contrôle.

Le Président demande s'il y a dans la salle des mandataires de la *Justice* et de la *Démocratie* chargés de porter à la connaissance des congressistes les résolutions prises par les rédacteurs de ces deux journaux.

Raby répond que la rédaction de la *Justice* n'est pas

l'occulte ; qu'il est, avec d'autres collègues connus parmi les rédacteurs de ce journal.

Fontaine remarque que par le fait même que les articles sont anonymés la rédaction est occulte.

Raby donne l'assurance que tous les collègues qui ont voulu collaborer à la *Justice* l'ont fait très librement chaque fois que la place le permettait.

Le Président rappelle que la question qu'il a posée est celle-ci : Y a-t-il dans la salle des mandataires de la *Justice* et de la *Démocratie ?*

Raby et Patte répondent que oui.

Au nom de la *Démocratie*, Patte déclare :

« 1° La *Démocratie Universitaire* a un caractère poli-
« tique. Elle est républicaine anticléricale. Or, la Fédé-
« ration nationale sera forcément neutre. Donc, si la
« Fédération prenait la direction de la *Démocratie*,
« celle-ci devrait perdre son caractère politique ;

« 2° La *Démocratie* a été fondée pour défendre les
« revendications de tous ceux qui ont à se plaindre
« d'abus commis dans l'*Université*. Il n'y a pas de rai-
« son pour qu'elle ne soutienne pas les répétiteurs :
« elle l'a déjà fait d'ailleurs. Donc les répétiteurs pour-
« ront à l'avenir comme dans le passé écrire dans la
« *Démocratie* ;

« 3° Enfin, si le Bureau de la Fédération veut donner
« à la *Démocratie* des communications officielles, ces
« communications seront insérées sans qu'il y soit
« changé un mot. On pourrait même dans cet ordre
« d'idées réserver aux communications du Bureau un
« nombre de pages à déterminer d'après le chiffre des
« abonnements pris par les répétiteurs. »

Fontaine prie les congressistes de ne pas oublier que

la *Démocratie* a une couleur politique, qu'elle ne peut donc être l'organe de la Fédération ; de même la *Justice*, à cause du nom de son directeur, a une nuance politique ; elle ne peut être, pas plus que la *Démocratie* et pour le même motif, l'organe de la Fédération. Avant tout, nous devons conserver une attitude neutre.

RABY ne suivra pas Fontaine sur le terrain politique.

BELLENGER désire que le journal de la *Fédération* porte un nom nouveau pour bien affirmer qu'il est l'organe officiel de tous les répétiteurs. Il ne voudrait pas que, au moment où la vieille unité répétitorale vient d'être rétablie, le titre d'un journal perpétue parmi ses lecteurs non seulement le souvenir mais encore le ressentiment des anciennes luttes.

ORY rappelle que la *Justice* seule a défendu la corporation ; que son nom est significatif et qu'il y aurait intérêt à ce qu'elle devint l'organe officiel de la Fédération si elle consent à accepter le contrôle du conseil.

LE PRÉSIDENT questionne Raby pour savoir si le directeur actuel de la *Justice* peut être remplacé.

RABY ne peut que répondre qu'on le pressentira pour lui demander son assentiment mais que, quoi qu'il arrive, la *Justice* est à la disposition de la Fédération.

ORY croit que le nom du directeur actuel n'amène avec lui aucune conséquence politique puisque le journal est dirigé par les élus des répétiteurs.

LOMBRY est d'avis qu'il est nécessaire de poser la question au directeur lui-même.

GUÉNARD voudrait que le journal fût avant tout un bulletin, bulletin indépendant de toute autre publication ou publié à la suite d'un autre journal. Pour lui, la Fédération doit fonder un bulletin et non un journal.

Bayce se souvient que le premier numéro de la *Justice*, à la suite d'un excellent programme sur nos revendications, contenait une diatribe contre trois répétiteurs que l'on essayait de tourner en ridicule, parce qu'à l'Ecole des hautes Etudes, dans une conférence contradictoire, ils s'étaient efforcés de mettre en discussion la question du professorat-adjoint. Et pourtant, dirigé par Piquois, ces répétiteurs avaient accompli leur devoir. (Applaudissements). Pour en revenir à la question même, il n'est pas partisan d'un directeur à nuance politique, si sympathique que fut ce directeur. Il propose un titre nouveau « *l'Avenir Universitaire* ».

Ricaud croit qu'il est nécessaire qu'un nouveau journal soit fondé.

Raby, répondant à Bayce, ne voit pas dans l'article incriminé tout ce que lui, Bayce, y a vu. On y critiquait surtout les idées émises par nos collègues de Condorcet qui ne tenaient pas un compte suffisant de la participation future à l'enseignement et s'occupaient surtout du rôle de l'éducateur. En tous cas, à l'heure actuelle, la *Démocratie* conservant son ancien programme, la *Justice* reste seule comme l'organe des répétiteurs. Vaillante, elle l'a toujours été et le demeurera si les répétiteurs lui maintiennent la confiance qu'ils lui ont accordée jusqu'ici.

Piatier défend le journal contre les tendances politiques que certains lui prêteraient si l'on conservait le directeur actuel ; il montre le danger que présente la *Démocratie* qui peut devenir le « corsaire » de la corporation ; enfin, l'article cité par Bayce n'est pas de lui. Comme Raby, il déclare que la *Justice* est à l'entière disposition de la Fédération, mais qu'on ne l'oblige pas à changer son titre, ce qui pourrait porter les professeurs à conclure qu'on désavoue la conduite tenue jusqu'à aujourd'hui.

VIGNOL demande que l'on conserve son nom à la *Justice*. Tous ses collègues ont travaillé avec elle et par elle. Un changement ne les trouverait peut-être pas dans les mêmes dispositions.

CROCICCHIA pour ne froisser aucune susceptibilité est partisan d'un titre nouveau.

HUC tient à ce qu'il soit bien constaté que la *Justice* n'a pas critiqué que des idées, mais a attaqué les personnes. Il rappelle le discours de Ripault protestant au nom des collègues du Mans ; les attaques adressées au triumvirat Huc-Piquois-Bayce. Après de tels incidents, le titre est difficilement acceptable par tous.

BELLENGER est persuadé que la *Justice universitaire* n'a pas que des amis parmi les Répétiteurs. Elle a des adversaires à Paris et en Province. Les explications précédentes l'ont indiqué d'une façon assez manifeste. Quand on nous dit que la *Justice universitaire* ne s'est permis que des railleries, ce qui n'est pas exact d'ailleurs, on oublie trop facilement que la raillerie est quelquefois plus cuisante pour les amours-propres que l'attaque personnelle. Exemple : Le Mans.

Aussi, c'est pour cela que s'il ne s'inquiète pas du directeur, il désire toutefois un titre nouveau.

On demande la clôture.

LE PRÉSIDENT insiste pour que la discussion se poursuive librement.

RABY rappelle les sacrifices consentis par la rédaction de la *Justice*.

LE PRÉSIDENT constate que la *Démocratie* s'est imposée des sacrifices analogues et qu'elle ne les regrette pas.

BARON rend hommage à la *Justice* et au bien qu'elle a fait. Mais au nom de l'union, il demande aux rédacteurs de la *Justice* un sacrifice de plus, celui du titre de leur journal. On mettrait un sous-titre : « Ancienne *Justice universitaire* ».

PIATIER s'y oppose, parce que ce changement sera jugé par les professeurs comme un désaveu de la *Justice*.

CHAMPION demande surtout que l'on s'occupe dans la recherche de la solution de cette question de l'intérêt des répétiteurs. Du Congrès doit sortir un organe unique, non pas un bulletin qui empêcherait toute discussion d'idées, mais un journal. Toute polémique personnelle en serait bannie. Il ne veut pas critiquer la *Justice*, ne l'ayant jamais lue, mais d'après les opinions émises au Congrès il croit qu'un organe nouveau est nécessaire pour éviter tous les froissements. En conséquence, il propose : 1° changement de titre ; 2° programme tiré des délibérations du Congrès ; 3° rédaction soumise au contrôle du Conseil ; 4° toute polémique personnelle écartée. Les professeurs comprendront facilement que le Congrès ayant fondé la Fédération, fonde en même temps un journal qui exprime les idées de cette Fédération.

PIATIER est d'un avis contraire.

On demande la clôture.

S'expliquant sur la clôture, RABY dit qu'il est partisan d'un bulletin à côté d'un journal de combat. Ce journal de combat existe, c'est la *Justice* ; le bulletin existe aussi, c'est celui des Amicales. Garder en sous-titre le nom de la *Justice universitaire*, lui rendra peut être la décision qu'on l'oblige à prendre moins amère, mais il demande encore qu'on ne lui impose pas cette décision.

La clôture est prononcée.

ENGELHARD demande la priorité pour l'ordre du jour de Nouyrit. On la demande aussi pour l'ordre du jour Crocicchia.

Nouyrit fait remarquer que cet ordre du jour n'est que le développement du sien. Il insiste pour que la priorité soit accordée à l'ordre du jour que, le premier, il a déposé

LE PRÉSIDENT déclare qu'il est bon en effet que l'on sache que le délégué de Louis-le-Grand a eu le premier l'idée de cette création d'un organe nouveau avec ce sous-titre.

Les signataires de l'ordre du jour Crocicchia reconnaissent volontiers que l'ordre du jour du délégué de Louis-le-Grand contient la substance du leur. Cependant, parce que leur ordre du jour précise certains points, ils prient Nouyrit de s'y rallier et de le signer, ce à quoi Nouyrit pour abréger la discussion consent instantanément.

La priorité est alors accordée à l'ordre du jour portant les signatures de MM. Crocicchia, Buzet, Nouyrit, Reybaud, Bayce, Deffeuillez, Modot, Schuchmacher, Ricaud, Bellenger, Baron et Vignol :

« Le Congrès, après avoir rendu hommage au zèle et
« au dévouement des répétiteurs qui ont lutté pour l'in-
« térêt général dans les divers journaux pour lesquels
« ils ont fait des sacrifices considérables, décide la créa-
« tion d'un organe dont le titre nouveau sera suivi des
« mots : *ancienne Justice universitaire*, qui sera placé
« sous le contrôle du Conseil interfédéral ».

RABY annonce alors qu'il va procéder à un referendum auprès des abonnés de *la Justice* pour connaître leur opinion sur la question.

CHAMPION demande des explications complémentaires sur ce referendum.

CROCICCHIA réplique que la discussion est rouverte par l'annonce de ce referendum, qu'il y voit un moyen dilatoire. Il demande à Raby de s'expliquer d'une façon précise.

RABY déclare qu'avant tout il veut l'union, aussi malgré la peine que lui cause la perte du titre du journal, il y consent sans referendum (applaudissements).

L'ordre du jour Crocicchia-Nouyrit etc., est alors adopté à l'unanimité moins une voix.

On adopte ensuite le titre : *l'Avenir Universitaire,* organe du professorat-adjoint.

FONTAINE dépose alors une proposition d'après laquelle le comité de rédaction se composerait de 15 membres.

VIGNOL pense que le contrôle exercé par deux membres désignés par le bureau serait suffisant.

FONTAINE modifiant sa proposition dépose la motion suivante : « Le comité de rédaction de *l'Avenir Universitaire* se compose du bureau de la Fédération nationale ». La motion est adoptée.

SCHUCHMACHER, appuyé par Vignol, propose de décider que : « les articles émanant d'un sociétaire de Province devront recevoir le visa du président de l'Amicale locale ». La proposition mise aux voix est adoptée.

GUÉNARD demande qu'une partie du journal soit réservée aux communications officielles des Amicales.

ENGELHARD et PATTE demandent que le vœu suivant soit inscrit au procès-verbal : « Ne serait-il pas bon qu'il y ait un organe indépendant à côté d'un organe corporatif ».

Modot demande que le journal publie une fois par an le tableau des promotions.

Mathis et Charlochet font adopter le vœu suivant : « Tous les travaux d'impression de la Fédération seront confiés à des maisons n'employant que des ouvriers syndiqués ».

Sur la proposition de Vignol, il est entendu « que les Amicales appellent du veto du bureau au Conseil de la Fédération nationale, et de celui ci au Congrès ».

Fontaine dépose l'ordre du jour suivant : « Le journal corporatif a pour directeur-gérant le président de la Fédération nationale ».

Raby propose que la responsabilité soit partagée entre le Président et le Vice-président parisien.

L'ordre du jour modifié dans ce sens est adopté. Sur une question de Guénard, il est entendu que le service du journal sera fait aux abonnés de la *Justice* jusqu'à expiration de leur abonnement. Néanmoins, l'*Avenir* ne prend pas la suite des engagements commerciaux de la *Justice*. En outre, le journal sera bi-mensuel.

Bayce souhaite que toutes les Amicales s'abonnent pour un nombre d'exemplaires à déterminer.

Après une discussion à laquelle prennent part Raby, Bellenger, Ricaud, Reybaud et le Président, l'Assemblée décide que les Amicales adhérentes à la Fédération sont tenues de prendre chacune un abonnement et de verser dans leurs archives un exemplaire de chaque numéro.

En outre, le Congrès invite instamment tous les répétiteurs à s'abonner individuellement à l'*Avenir*.

Guénard désirerait que le journal n'accepte pas de réclames commerciales.

Nouyrit est d'un avis contraire, tandis que Raby et Engelhard constatant que l'*Avenir* n'est pas une entreprise financière, insistent pour que les annonces soient refusées.

Champion ne désire pas que le journal reçoive des annonces, mais cependant si les nécessités budgétaires nous y contraignent, il ne faudrait pas par avance nous lier les mains.

Reybaud appuie Champion et demande aux congressistes de laisser provisoirement le Comité de rédaction juge de la question. La proposition de Reybaud est votée.

Sur une question du Président, le Congrès décide que les premiers frais d'impression seront payés sur les cotisations.

Champion demande enfin que le tirage du compte-rendu du Congrès soit suffisant pour que chaque membre de la Fédération puisse posséder un exemplaire. (Adopté).

La discussion sur la presse est close.

***

Après un échange de vues entre Buzet, Raby et Ripault, sur les conseils universitaires, la question est renvoyée à l'étude des Fédérations.

Le Président proclame les résultats du second tour de scrutin.

Il remercie ensuite l'Assemblée du témoignage de confiance qu'elle accorde aux membres du bureau.

Le Congrès est clos. On se donne rendez-vous aux prochaines vacances de Pâques.

NOTE

Si, dans ce compte rendu, évidemment fort imparfait, il m'est arrivé par hasard de déformer la pensée de quelques-uns de mes camarades, je les prie de vouloir bien m'en excuser. Qu'ils m'envoient leurs rectifications. Elles seront soumises, comme ce compte-rendu lui-même l'a été, à l'examen du bureau, qui décidera de leur insertion dans l'*Avenir Universitaire*.

Avant de terminer ce long rapport, je tiens à remercier bien vivement tous les camarades qui ont facilité ma tâche de secrétaire.

L. RIPAULT.

Paris, 3 avril 1905.

III

PIÈCES ANNEXES

Dans les pièces annexes, il nous a été impossible de faire figurer tous les vœux qui ont été déposés sur la question de professeur-adjoint et sur celle de l'assimilation. Aussi bien tous se ressemblent et témoignent de l'ardent désir que nous avons d'obtenir une solution prompte et conforme aux idées exprimées dans les ordres du jour que le Congrès a définitivement adoptés.

De même si la place et les crédits dont nous disposons avaient été illimités nous aurions pu, à titre documentaire, insérer le rapport de notre camarade Chechillot, secrétaire de l'Amicale du lycée de Gap, sur l'organisation du professorat-adjoint; celui de notre camarade Saint-Martin, vice-président de l'Amicale d'Alger, sur la même question ; celui de notre camarade Pierrot, de l'association de Dijon, sur l'Assimilation.

Nous avons dû borner notre tâche et nous contenter de choisir parmi les vœux exprimés ceux qui sont tout à fait particuliers et sur lesquels l'attention du Congrès n'a pu être attirée. Les Fédérations et les Associations régionales voudront les étudier avec le souci de rechercher pour ces questions nouvelles les solutions les plus utiles aux intérêts de l'Université et aux nôtres.

Les Notes secrètes

Au nom de l'Amicale de Moulins

Tous les fonctionnaires de l'enseignement secondaire ont droit à la communication (et toutes facilités leur seront données à ce sujet) de toutes les notes, feuilles signalétiques et tous autres documents composant leur dossier.

Tout fonctionnaire qui est l'objet d'une plainte verbale faite au chef d'établissement est immédiatement mis au courant par ce dernier.

Au nom de l'Amicale de Cherbourg

Que les notes secrètes concernant la vie privée soient supprimées et que les notes professionnelles soient communiquées à chaque fonctionnaire sur sa demande.

Sur le stage

Au nom de l'Amicale du Mans

Qu'il soit établi un maximum de stage dans chaque classe pour tous les ordres de fonctionnaires de l'enseignement secondaire.

Au nom de l'Amicale de Moulins

Après un stage déterminé le passage d'une classe à l'autre ne pourra être retardé.

Sur les retraites

Au nom de la Fédération du Sud-Ouest

Autonomie de notre caisse de retraite. Droit absolu du fonctionnaire de prendre une retraite proportionnelle après 25 ans de service sans condition d'âge.

Au nom de la Fédération de Montpellier

Application de la loi sur les retraites antérieure à la loi de finances de 1903. Suppression de l'article 18 de cette loi.

Sur les mesures disciplinaires ou autres

Au nom des Amicales du Mans et Cherbourg

Que toute mesure prise au sujet d'un fonctionnaire de l'enseignement secondaire et modifiant d'une façon quelconque sa situation (changement de fonctions, déplacement, rétrogradation, etc.) ne soit prononcé que lorsque l'intéressé en aura été officiellement informé, lorsqu'on lui aura fait connaître les nécessités spéciales de service ou de discipline et qu'il aura fourni par écrit ses explications.

Sur la Résidence

Au nom de la Fédération du Sud-Ouest

Indemnité de résidence.

Sur le professorat-adjoint

*Au nom de l'Amicale du personnel enseignant du lycée
de Constantine*

Les membres de l'Amicale du lycée de Constantine (professeurs et répétiteurs).

Estimant que c'est seulement par l'union étroite et solide de tous ses membres que l'enseignement secondaire arrivera à faire consacrer par les pouvoirs publics la reconnaissance réelle de ses droits ;

Persuadés, d'autre part, que le malentendu existant dans un très grand nombre d'établissements entre professeurs et répétiteurs provient de ce que les attributions des professeurs-adjoints n'ont pas été nettement déterminées ;

Emettent le vœu que l'administration supérieure réglemente, au plus tôt, par un décret, les attributions des professeurs-adjoints.

Sur l'Assimilation

Lettre communiquée en fin de séance du Congrès, par Bayce

21 avril 1905.

« Mon cher P...

« Je viens de lire avec le plus vif intérêt et la plus grande attention la brochure sur *l'Assimilation à grade égal des Répétiteurs de Lycée aux Professeurs de Collège*, signée, pour le groupe des Répétiteurs de Condorcet, par MM. le Président, Vice-président, Secrétaire et Trésorier.

« Vous me demandez ce que je pense au *point de vue légal* de cet excellent travail, qui présente si bien la défense de la si juste cause des Répétiteurs de Lycée.

« Ma réponse sera catégorique.

« J'adopte sans hésitation les conclusions de cette brochure :

« L'assimilation avec les Professeurs de collège est *légalement*, « par suite des décrets successifs relatifs à cette question, *la pro-* « *priété* des Répétiteurs.

« Cette propriété établie par M. Bourgeois a été appliquée par « M. Rambaud, confirmée par M. Leygues, par la Commission « d'enquête, et par la Chambre des députés.

« Les raisons de justice et les raisons morales conservent, « aujourd'hui plus que jamais, leur force et leur actualité. »

« L'avenir des Répétiteurs me paraît donc assuré au point de vue des promotions futures.

« J'en doute d'autant moins que la délégation de la Fédération nationale des Répétiteurs des Collèges de France et d'Algérie, demandant l'extension aux collèges, de la réforme Bourgeois sous tous les rapports, a été reçue avec la plus grande bienveillance par M. le Ministre de l'Instruction publique, qui a promis de mettre cette question à l'étude, non pas comme un enterrement mais comme un commencement d'exécution.

« Or, la question des Répétiteurs de lycée et celle des Répétiteurs de collège est, à mes yeux, la même, et par conséquent doit, sans difficulté, recevoir même solution.

« Je ne m'étonne que d'une chose, c'est que l'assimilation, obtenue depuis plusieurs années par les Répétiteurs de lycée ait été négligée dans le projet de budget de 1905.

« Mais le mal est réparable et je ne doute pas que le budget de 1906 comble la lacune.

« Je vous envoie, au sujet de cette question, l'article du *Radical* paru hier et daté de ce jour, qui a rendu compte de la réception gracieuse de la délégation par M. le Ministre.

« M. MANAU,

« Premier Président honoraire de la Cour de Cassation ».

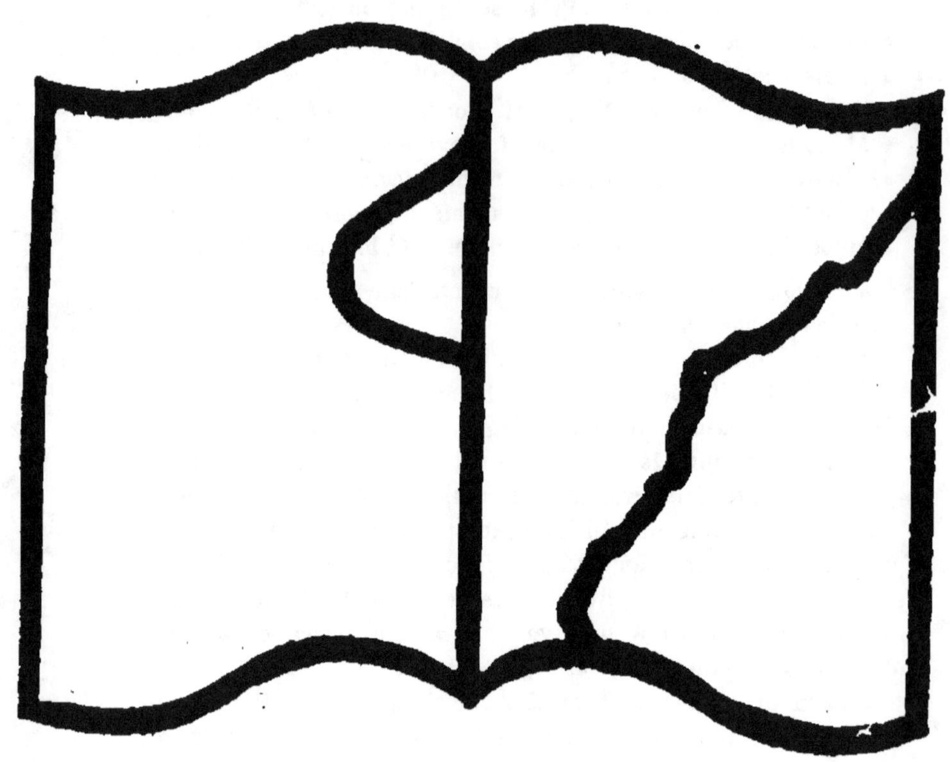

Texte détérioré — reliure défectueuse
NF Z 43-120-11

BUREAU DE LA FÉDÉRATION NATIONALE

Président :

Fernand GUIGNARD (Lycée Charlemagne).

Vice-Présidents :

Henri RABY (Lycée Janson-de-Sailly) ;
BUZET (Rodez-Toulouse) ;
REYBAUD (Lycée d'Aix) ;
VIGNOL (Lycée de Lille).

Secrétaire-général :

Louis RIPAULT (Lycée Louis-le-Grand) ;

Trésorier :

PATTE (Collège Rollin).

Secrétaires :

Charles DOUMERC (Lycée Henri IV) ;
HUC (Lycée Condorcet) ;
DEFFEUILLEZ (Lycée de Grenoble).

Imp. Em.-M. Lelièvre — Laval-Paris.

STATUTS

Fédération Nationale des Professeurs-Adjoints

RÉPÉTITEURS ET RÉPÉTITRICES

lycées et collèges de France et des Colonies

———

ARTICLE I. — Il est fondé entre toutes les Associations ou fédérations régionales au moins académiques de professeurs et répétiteurs, ou associations locales pour l'Algérie, les et les pays de protectorat, une association qui a pour Fédération nationale des professeurs-adjoints, répétiteurs, répétitrices des lycées et collèges de France et des

ARTICLE II. — La Fédération se place sous le bénéfice de l'art. de la loi du 1er Juillet 1901, selon lequel « les Associations personnes pourront se fonder librement, sans autorisation ni déclaration préalables ». Son siège social est à Paris, provisoirement rue de Jussieu.

ARTICLE III. — La Fédération se compose de trois sections autonomes ; la section des professeurs-adjoints et répétiteurs de la section des répétiteurs de collège ; la section des répétitrices.

ARTICLE IV. — Elle a pour objet : 1° l'étude des questions et réformes pédagogiques ; 2° l'étude des améliorations matérielles et morales concernant la corporation ; 3° l'étude et la défense par les voies de droit des intérêts professionnels des professeurs-adjoints, répétiteurs et répétitrices.

ARTICLE V. — La Fédération nationale entend ne s'immiscer en rien dans l'organisation et la vie intérieure des Associations ou fédérations adhérentes qui restent autonomes, libres et responsables de leurs actes en tout ce qui les concerne individuellement. Dans les questions d'intérêt général les Fédérations et Associations régionales avertissent le Conseil fédéral de leurs démarches ou de leurs manifestations. Elles sont responsables devant le Congrès.

ARTICLE VI. — La Fédération nationale est représentée par un Congrès national et un Conseil interfédéral.

ARTICLE VII. — La direction générale de la Fédération nationale et le contrôle de la presse corporative appartiennent au Congrès national qui est souverain. Celui-ci délibère sur toutes les questions importantes, décide toute action intéressant la Fédération. Des Congrès extraordinaires sont convoqués en cas de besoin absolu à la demande de la majorité des Fédérations régionales.

[...] groupe [...] défini par l'article [...]
[...] est représenté par un ou plusieurs [...]
ses membres ou parmi les délégués d'une autre [...]
Fédération régionale, sauf le cas où cette Fédération [...]
envoyer de délégués. Chaque délégué disposera d'un nombre [...]
suffrages égal au nombre de membres qu'il représen[te] [...]
garantir le droit des minorités chaque délégué partage[ra] [...]
voix selon l'indication jointes aux pouvoirs qu'il doit pro[duire].
Les adhérents isolés disposent chacun d'une voix.

Article IX. — Le Congrès national fixera chaque ann[ée la]
subvention qui devra être attribuée à la Fédération na[tionale].
La part de chaque Fédération régionale ou de chaque [...]
adhérent sera proportionnelle au nombre de ses membre[s].

Article X. — Le Congrès national décide chaque anné[e le lieu]
et la date du Congrès suivant.

Article XI. — La Fédération est administrée par un [Conseil]
de la Fédération nationale qui comprend : 1° Un Consei[l inter-]
fédéral composé des bureaux de toutes les Fédérations ou [asso-]
ciations régionales. Au sein du Conseil interfédéral [chaque]
bureau dispose d'un nombre de suffrages égal au nombre [de ses]
mandants ; 2° D'un bureau de la Fédération nationale élu [par le]
Congrès, composé d'un Président, 4 Vice-Présidents, [1 Secré-]
taire-général, 1 Trésorier, 3 Secrétaires-adjoints. Dans le B[ureau]
les décisions sont prises à la majorité des voix.

Article XII. — Le bureau de la Fédération échange [la]
correspondance, gère tous fonds, prend toutes initiative[s con-]
formes aux décisions du dernier Congrès.
Dans toute question d'ordre général qui nécessite une [inter-]
vention au Parlement, le Conseil soumet au referendum des [Fédé-]
rations ou Associations régionales les conclusions motivée[s aux-]
quelles il s'est arrêté. Dans toute autre question il agit de [même]
si la majorité du Conseil le demande. Les Fédérations e[t Asso-]
ciations répondent dans le délai indiqué par le referendum.
Le Conseil convoque les Congrès ordinaires et extraordi[naires]
et en prépare l'ordre du jour sans qu'il puisse être limi[té].
L'ordre du jour, les rapports et les documents soumis au[x Con-]
grès seront communiqués aux différents groupements un mo[is au]
moins avant l'ouverture du Congrès.

Article XIII. — Les décisions du Congrès et du Conseil [sont]
prises à la majorité des votes émis.

Article XIV. — La Fédération nationale des pr[ofesseurs]
adjoints, répétiteurs et répétitrices pourra faire partie de la [Fédé-]
ration nationale des membres de l'Enseignement secondai[re].

Article XV. — La dissolution de la Fédération national[e ne]
pourra être prononcée que par un Congrès spécialement con[voqué]
à cet effet.

Imprimerie Em.-M. Lelièvre — Laval, Paris

www.ingramcontent.com/pod-product-compliance
Lightning Source LLC
LaVergne TN
LVHW012056030726
842523LV00002B/554